Hijos del polvo
Ignacio Eufemio Caballero

Colección Baños del Carmen

Ignacio Eufemio Caballero

Hijos del polvo

EDICIONES VITRUVIO
Colección Baños del Carmen,
nº 1077

www.edicionesvitruvio.com

Primera edición, 2026

© Ediciones Vitruvio
C/ Menorca, nº 44
28009
Madrid
Teléfono: 91 573 21 86

ediciones vitruvio, nº 1. 808
ISBN: 979-13-991477-8-0
Depósito legal: M-2171-2026

Hijos del polvo

Parte I:
Umbralesía

Sufre angustia,
más de lo que los hombres saben:
el ciervo muerde por arriba;
por el costado se pudre,
y Nídhöggr roe desde abajo.
                    Anónimo, Edda Poética.

I

Por vuestra yerma culpa,
juzgado yace el orbe
en el umbral del lamento mudo,
en la voz del pecado doloroso,
donde toda verdad desfallece,
y el gélido soplo del nefando
lame la entraña del día,
como uva seca que cae.

Allí, en puntadas innumerables,
bajo las demoras del Fresno,
sopláis con lengua de hierro
como sátrapas tejedoras;
sombras insondables,
aire umbrío de la perdición,
frío de lo ignoto,
aliento helado del arcano,
en que rasgáis toda canción
y apagáis el fulgor del viento.

II

Pesaroso encuentro la oscura mirada
en que pareciera que el sol agoniza
bajo un sudario de penumbras,
como si la Madre de las Madres plegara
los párpados exhaustos del cielo.
Y, allí, en lo alto del valle,
respiro un silencio endurecido,
-casi sacro- en su desamparo,
mientras el río, exangüe en su entraña,
se extiende como inveterada llaga.
Su cauce, ya sin linfa, es un tajo
que exhala su última desventura,
entonando una letanía rota por la severa penitencia.

Veo en la alborada del guardián sin nombre,
vagando en las memorias que el polvo encadena,
los suspiros de los caídos
y, en su lamento, bajo su pétrea faz,
repudiado queda el espectro,
donde los cirios derramados,
que no se encienden en su palma,
tiemblan en la carne yerma de las iglesias enterradas,
rasgando, sin dueño, ese beso que besa...
pero el sueño nunca toca.

III

En vuestro lecho reverbera
un tufo de sal luctuosa,
espesa como dogal umbrío,
en que la bruma que lo ciñe
porta una tristeza de mármol y ceniza,
donde solo pervive la herrumbre del abandono,
y el aire se pliega con la gravedad
de un antiguo anatema.

Camináis por sus márgenes
los desheredados del milagro,
sujetos aún al éxodo
de sus culpas irreparables,
como si, aún, escucharais
el lamento del penitente,
en que resuena en los corredores de la muerte,
esa danza de los muertos -callada, amarga-
bailando en vuestros dedos,
en vuestra piel de noche,
más oscura todavía que la urdimbre de la carne,
en que algo invisible se enreda
entre vuestra sombra y la mía,
como aquellas almas agitadas en mi pecho,
que entonan un idioma finado,
incomprensible a toda voz.

IV

La luna sangra sobre mi frente de arcilla.
La tierra tiembla bajo mi costado.
Como si en mi corazón habitara un purgatorio
que sana las voces de todos los ausentes.

Sois alma de hilanderas en un tiempo sin nombre;
Urðr, Verðandi y Skuld, -las tres de la gloria-
que en las sombras tejéis lo que fue mito,
y, en los escombros, giráis vuestras ruecas.

Sois falsas, lo sé, mas me habláis,
como quien conoce la lengua del frío,
en un mundo imposible que aún sueña
con el sello de vuestras quimeras.

V

Donde el caos abre su quicio más remoto,
más allá del oriente velado,
siento bajo mis plantas el estremor
del antiguo Kami de los umbrales,
y giro, inexorable, en una espiral
que me arrastra hacia un fin
sin lindes ni destino.

Cada palabra mía se abate,
veredicto de las voces quietas,
sobre mis propias tierras clausas,
donde germinan inviolables
las leyes primeras que me sobrepasan,
en, cuya sombra, hace gemir al aire
que me envuelve bajo el acero.

Cada paso mío me susurra,
encrucijada incierta,
las sílabas que atan mi voluntad
al hilo en que la fatalidad me ciñe,
me embrolla y me somete.

Cada gesto mío se deshace,
censura súbita del custodio del alba inerme,
en ese umbral imposible,
donde mi carne recuerda con lucidez punzante
la mordaza de mi propio decreto
y la hondura de la prisión que llevo conmigo.

VI

Mujer que transitas el jamás,
errante entre los seis granos del fruto efímero,
donde el tiempo se pliega y se reitera
en su propia estación quebrantada.
Cuando desciendes al mundo, aprisionas lo bello
con la misma gracia severa
de la dama de las esquirlas doradas,
pero al hundirte en lo oscuro devienes
llaga y desamparo,
frío mineral, páramo que exhala
la soberbia de tu antiguo nombre proscrito.

Tu corona, reina del eco, alta gracia,
hermana del umbral sellado,
es la nada que canta en tu aliento
trenzada de azafrán marchito y vértebras nimias,
bajo el luto fragante que al morir destila.
Todo en ti es lindero y desgarradura.
Lo que florece en tu órbita perece sin demora;
lo que te alza, se pulveriza en su ascenso;
lo que amas, se fractura en dos mitades
como si jamás hubiera nacido entero
bajo la mirada absorta del milagro taciturno.

VII

Umbralesía, velada en tu falsa modestia,
¿no serás acaso un ardid,
una máscara fraguada en la envidia de no ser más,
solo un hueco inmemorial,
pesadilla que roe la médula del ánimo,
muerte sigilosa de toda busca incesante?

¿No entendiste que no morir, oh dulce alivio,
es la dádiva postrera donde se desnuda la gloria del ser,
un portón que se abre hacia la luz interminable,
más allá de la razón que aún respira,
en el claro donde las sombras se disipan
y el Rostro inocuo, que jamás temió ser mirado,
nada pregunta y, aun así, prodiga
la vida eterna que no exigió ser entendida?

Y yo, penitente de mi propia hondura,
llamaré al umbral níveo de la casa del alba cóncava,
donde mi plegaria urgirá su advenimiento
y te alzaré, Umbralesía, frente a tu propia calumnia,
para que mi alma, por fin desatada,
reclame en tu ruina la verdad que le fue prometida.

Parte II:
Jardín de las plegarias

Son las caídas hondas de los Cristos del alma,
de alguna fe adorable
que el Destino blasfema.
Esos golpes sangrientos
son las crepitaciones de algún pan que en la
puerta del horno
se nos quema.
Y el hombre... Pobre...pobre!
Vuelve los ojos,
como cuando por sobre el hombro nos llama
una palmada;
vuelve los ojos locos,
y todo lo vivido se empoza,
como charco de culpa,
en la mirada.

Hay golpes en la vida, tan fuertes... Yo no sé!
César Vallejo

I

Os clamo en humilde plegaria,
cabalgada oración en la tormenta,
en que la Umbralesía -finalmente consumida-,
se disipe en su voz de barro
y en su corazón aún encendido.

Vosotros, labradores del credo perpetuo,
que fuisteis llama invicta en los inviernos
y sembrasteis en la entraña del mundo
la semilla pristina que jamás se corrompe,
concededme palabras de hierro templado,
forjadas en el sepulcro de mis emociones,
para ceñir el ánima que aún os recuerda.

¡Venid, os lo imploro, a ilustrarme
en esta noche de albahaca y tinta,
donde la bruma sostiene luciérnagas de memoria
y la tierra susurra palimpsestos numinosos,
raíces perpetuas que desafían la muerte
y brotan, tenaces, en el fragor del silencio!

II

Con raíz y prisa os traigo
lo que antaño fue estirpe y linaje,
para colocar en vuestras manos callosas
los frutos que, en elevada rama, maduran
como heredad que no decae.

No camino solo en este canto;
pues deposito mi confianza
cual hidalgo de la Mancha,
que con su lanza cifra y lidia con gigantes,
en la vasta arena de su alma,
custodiando la nobleza del caballero.

Apenas eco soy de esta carne común y transida,
que se yergue en remembranza
como casas nuevas sobre los escombros;
uno más entre tantos que el milagro anhela,
siendo mis pasos sobre el mosaico,
peregrino bajo la égida del Rostro,
en fiebre de muerte, sed de amor y rosal.

III

Os escucho en lontananza,
en la hondura del céfiro,
y, sin embargo, vuestros ojos,
lámparas del canto jondo,
empujan las olas de mis pensamientos,
tensando mis velas,
como si el velo de las plegarias sordas
soplara sobre mi juicio.

Busco respuestas y hallo nombres,
alcuños que retornan a la grieta viva de la espada,
esparcidos en los apéndices de mis días
sin yo ser de vuestra piel.
Me circundan, me respiran,
tal si las hubiese grabado en mis sienes
antes de que yo tuviera memoria,
como leyendas que no viví,
pero que me viven.

IV

¿Aún sois consejo de sombra,
simientes que germinan en lo vedado,
con la alteza del que labra la gleba y el verbo,
bronce fidelísimo de la memoria que inclina
la nobleza caída y la gesta que yerra?

¿Fue por ventura vuestra causa la nuestra,
o solo un reflejo del concilio de los lienzos,
cuyas sentencias imperecederas decaen sobre la carne
como un salmo desollado?

¿Acaso la lid no feneció,
y aún brega -oculta, tenaz-
en la sangre que obra sin conocer su batalla,
como si el pegaso blanco respirara en lo profundo
y guiara, ignoto, la pulsación del destino?

¿Será locura mía preguntar al polvo por su sueño,
al vacío por su eco, y al mundo -hecho de fallas-
si queda un solo hilo de cordura intacta,
no sometido al yugo de la lágrima primaria,
ni reducido a ruina bajo la capa oscura del alma,
donde incluso la luz teme su propio nombre?

V

Confuso estoy, aunque sin miedo,
como el niño que, en su lecho de albor, sueña,
y alza la vista hacia el almendro,
ansiando rozar -con alma queda-
la lumbre sutil de la infancia.

Y, empero, siento vuestro galope
en la umbrosa espesura de mi aposento,
donde no hay lumbre, ni canto, ni cuna,
solo el madero de un árbol anciano.

Sopláis como viento en la pradera,
que levanta los huesos de la existencia,
huracán sin reposo, llama y desgasto,
tambor batiente del Juicio,
que tañe en las oquedades del alma
con clamor de guerra santa y holocausto.

VI

Nacisteis con los pies hundidos en el lóbrego cieno,
donde gimen los juncos y sangra la tierra.
Allí, en los bajíos que custodia el barquero
el hilo de las letras se me enrosca en las venas,
como un sol que se clausura
y, en un cáliz, decanta su fulgor.

Permanezco, testigo y clamoroso,
escuchándoos cantar a la luna con voz de estrella,
y, en su luz, se desvela la mirada
que velaron los discípulos en su lumbre.

¡Ay de vosotros, sin pluma en el aire!
que con manos ascéticas bordasteis la entraña,
trazando en la carne sendas de fuego;
guirnaldas de penitencia que ni el viento disipa,
ni el rocío amansa,
ni la noche abdica en su eco abismal.

VII

Me descifro en las miradas que no conocen noche,
porque en sus pozos escucho el canto de la alondra.
Siento fuego de un sol incólume, jamás segado,
pan de luz que se filtra en la zarza rota,
que rehúsa ornamento y no reclama renombre.
Y, al inclinarme ante su misterio,
comprendo que esa bondad no cabe en gesto,
pues se derrama sobre montañas sin cruz ni campana,
sobre mares que en sombra desbordan sus límites
en los acantilados del cielo que contemplo,
cayendo, infinitos, como mapa, copla y oración.

VIII

Hay ruido de ceniza en nuestro tiempo,
lo percibo como un ejército sin lanza,
una pulsación seca que hiende el aire,
puñal de viento que se abate sobre la penumbra,
en que la memoria queda arrinconada,
cubierta con plumas de humo,
como haría la lumbre enmudecida en sus vigilias.

Se cuenta, se canta otra historia.
No la de todos.
No la vuestra.
No la nuestra.
Una historia escrita con tinta ajena,
impuesta como dogma de los necios
sobre un altar de palabras vaciadas.

IX

Decidme:
¿Dónde el fulgor de nuestra lengua universal
resonante como campana del alba,
que antaño despertaba al sueño más hondo
y encendía en la carne la memoria del origen?

¿Dónde la cruz del misionero,
que, con manos de barro y corazón de fuego,
llevó la Palabra de Cristo a selvas y desiertos,
bajo el sol inclemente de la justicia
y la lluvia negra del martirio?

¿Dónde el eco del clarín,
que alzaba su voz sobre campos de espadas,
allí donde los hombres de todas las tierras
se templaban en la forja de un Imperio
que jamás conoció ocaso, bañado por el sol?

X

Levanto mi voz -humilde, quebrada, sedienta-,
sobre el puente donde me sostengo,
en que os llamo, reclamando el nombre verdadero
que aún arde bajo la ceniza.

¡Os lo ruego, volved!
Que en la tibia flor del alba se desnuda la cobardía,
y la luna -pálida y hendida-
llora lágrimas de leche,
como si guardara en su efigie el miedo.

¡Volved!
Pues la prudencia huele a sangre,
y en su noche se degüella la verdad,
vencida y sola,
mientras permanezco en vela
bajo la armadura de un cruzado exhausto,
que, desde su vigilia de polvo y hierro,
contempla el destino de quienes claman.
Y, aunque mi carne tiembla, no cejo,
en mi ruego encendido por vuestro retorno
como lámpara renuente y estandarte
que rehúsa a caer bajo un otoño enlutado.

XI

Desde la vieja Carpetania de los sueños deseados,
la tierra que duerme en latín y despierta en castellano,
os llamo con canto de raíz y voz de polvo,
alzándose sobre la hondura del tiempo.

Allí peregrino por su mármol romano
y vuelo, más sabio, en alas de los griegos
hacia el poniente donde el sol se recuesta
a morir y renacer sin fin,
implorando vuestra resurrección
desde las hondas sombras del olvido
que, como velo perpetuo, cubre el corazón amado
como mortaja sin edad.

¡Ocno, vástago de los dioses del sueño velado, regresa!
Despierta el alba dormida del mañana
que Apolo cinceló en tu visaje
para que fulgure el porvenir con la lumbre sacra
sobre el canto del Ultérito que aún preserva
la esperanza que jamás fue extinguida.

XII

Cinceladas, almas de la yema dorada.
¡Levantad las espadas!
¡Levantadlas, sobre el sueño!
¡Sobre el acero!
¡Sobre el fuego!
Pues la luna os guarda,
os mira y ofrece
la sangre en un viejo cáliz.
Un cáliz duro, de clámide antigua,
de roble,
de escarcha.
Y el ciervo -solo- corona la bruma
entre juncos rotos
y griales que, aún, huelen a anís.

Allí mi voz,
servidor de vuestra sombra,
os nombra.
Os reclama en su temblor,
en su guitarra cansada,
en su lira,
en su gaita,
en su pobre amapola.

XIII

Convocados quedáis los ríos antiguos,
aquellos que en la entraña de la piedra urdían
el verso secreto de las acequias,
la fuente que nombra y restaura,
que señala el rumbo del alma
entre olivos de un verde penitente,
bajo cielos rasgados por un azul de plegaria.
Sabedlo ahora, que este Magrit heredado,
volverá a levantarse en dulzura de agua y resplandor,
tendida sobre un tapiz de cánticos,
en la sabiduría que la arena guarda
cuando la aurora se postre ante el misterio.
¡Oh Azahara ígnea, hecha de incienso y jazmín!
¡Ciudad de alminares anhelantes de la prima luz!
Así la pronuncié en mis vigilias,
así la soñé entre rezos silenciosos,
cuando aún confiaba en que la memoria,
como un cirio que no mengua,
pudiera devolverme vuestro nombre sin ceniza.

XIV

La Almudayna me habla en su lengua de adobe,
dejando caer la música moruna que el laúd deposita
como ofrenda temblorosa en manos de doncellas invisibles,
niñas que confían a la azucena, al lirio, al alhelí,
las confidencias más suaves en la noche.

Quiero que esta pena verdosa,
nacida del huso inclemente del tiempo,
se aleje despacio del umbral,
en que pueda sostener mi corazón abierto,
como puerta que todavía busca
la sombra desprendida de lo que fue luz.

XV

¿Seré yo, pobre caminante del polvo,
digno de turbar vuestro reposo regio,
oh, señores y señoras de Castilla,
cuyas losas sellan todavía
el bramido de imperios y plegarias?
Desde esta loma traspasada de memorias,
donde el silencio se yergue como vigía,
os contemplo tal como fuisteis:
alzando pendones que hendían los horizontes,
domando los mares con vuestros escudos,
bajo soles que latían con pulso de un linaje remoto.

Por vuestra mano se alzó el Mundo Nuevo,
la nao de maderos consagrados,
la cruz templada en la noche del misterio,
la lanza que abría senderos
en los litorales donde el indio solar
bebía aún la mañana intacta.
Ante vuestra huella inclino mis rodillas,
no en alivio, sino en grave veneración,
pues el viento que asciende por esta colina
acarrea hasta mi espíritu
el peso invisible de vuestras coronas:
luz y cadena, gloria y penitencia,
entrelazadas como un cilicio de oro.

¡Oh, estandartes del Altísimo,
desplegaos sin quebranto sobre la hondura del tiempo!
Pues el acero, en vuestra gesta, fue cruz
y la cruz fue victoria del espíritu que se postra,
en su canto perpetuo!

PARTE III:
Peregrinación de ceniza

Fácil es el descenso al Averno:
noche y día está abierta la negra puerta del Hades;
pero volver atrás y ascender a los aires de la vida,
eso es trabajo, eso es esfuerzo.

Virgilio

I

En el ceño de este naufragio,
perdido en mares de espejos rotos,
donde la faz que, con soberbia, fulge,
me devuelve un rostro que no soy.
Por esta razón emprendo la peregrinación,
atravesando páramos de ceniza,
en busca del abrazo que disipe la noche;
del perdón que lave la sangre y el polvo de mis manos;
de la nueva vida que brota
sobre los atrios de un milagro -humilde, silencioso-
donde la luz se despliegue en fragmentos
tras la lágrima derramada.

II

Por la tiranía de esta carne quedé despojado,
sin ánimos que me ciñeran el pulso,
cubierto por la estampa que el polvo custodia,
bostezo en que el tiempo devora
la brújula que le dio norte.

Alcé los hombros, sin musa ni hálito,
por reyes momentáneos de un polvo sin linaje
cuyo nombre olvidé en las criptas del sueño,
cuyo origen se disolvió como mirra en la arena,
y su semblante fue eco antes de ser forma.

Confundí gloria con dominio,
y en la soberbia del instante
olvidando que toda tierra pertenece
al vero Rey,
al Hombre de Dolores,
al varón de las Llagas Inefables,
que en la cruz sangró,
y cuyo llanto enarboló coronas de espinas
para redimir lo que el mundo había envilecido.

III

Me atreví a suplantarte sin alcanzar tu talla;
y mi soberbia, al primer golpe, perdió su andamiaje,
como un puñado de tierra sin dueño.

Quedó mi voz hueca,
una altivez sin amparo,
que avanzó sola -consumida-
en peregrinación de ceniza,
hasta quebrar el pulso de los emblemas,
hasta vaciar tronos y fundamentos,
bajo la mirada turbia del aedo contrito,
cuyo canto lacera incluso lo que anhela.

Y, al cabo, lo único intacto fue la herida:
la humillada verdad del que, en el sacrificio,
erigió en su propia carne la victoria;
como el Penitente Primigenio,
que sostiene el peso de la culpa
sin reclamar estandarte, ni gloria, ni memoria.

IV

En esa presencia de tierra ungida por la lluvia
y maderos que exhalan su último incienso,
-no en otra-
quedo suspendido en el tiempo
de un amor que fundía juramentos
sobre el fuego de libertad.

No hay rejas ni bombas que mataron la palabra
si naciendo, en su candor primero, vivía el alma pura,
que, en su nobleza, penetró más honda
que la bala, la espada o la cólera.

El cielo se inclinó entonces,
como un anciano que ha visto demasiados pecados,
brasa velada en el légamo,
latido que rehúsa morir,
gemido -ínclito, tenaz-
proclamando que la muerte perdió su derecho
sobre la casa del hombre.

V

Así, en aquel lar,
concediéndome la paz que mi corazón anhelaba,
donde yacía florido sobre roca mortal,
vi acudir a plañideras con sus lágrimas de luna,
y pechos abiertos al soplo de lo alto,
tañendo himnos que no envejecen,
hondos como una cuna de eternidad.

Me alcé contra la noche invasora de las falsas deidades,
negando la pólvora cruel,
en que mi alma temía consumirse,
y vuestra sangre -como la mía- empapó la gracia
de un pueblo que aún os sueña y os llora,
como se llora a los cipreses en su áspera flor,
lamentando a quienes amaron sin descanso,
sin temer entregar la vida,
por un fulgor que atravesaba el alma antes del mundo
hecho del fuego secreto que consume las tinieblas
dejando entre mis manos la luz que no perece.

Parte IV:
Última órbita del sueño

¡Oh, ave celestial! ¿Por qué no eres como tú misma,
libre del mortal peso que los hombres cargan?
Tu voz, inmortal, me arrastra lejos,
a la orilla del sueño, al límite del eterno.

John Keats

I

Incontables las veces que he llamado
-necio y soñador- a vuestra puerta de humo
para beber del agua de estos versos,
que, en la plaza de los espejos,
entre ecos de campanas y pasos de polvo,
imploré por el sentido de la vida.

> *Una ilusión.*
> *Una sombra.*
> *Una ficción.*

Así lo dijisteis, y así lo sentí
bajo este cielo que titubea, temblando.
Y si toda la vida es sueño,
como un niño dormido entre los brazos del destino,
¡ayúdame a soñar más fuerte esta noche,
vestida de jazmín y estrellas,
en que los sueños, sueños sean!

II

Ante el mundo os clamo, andantes caballeros;
en que adiestréis con vuestra pluma de azabache
a este linaje errante que olvida su nombre y su simiente.
Haced que cabalgue, sin temor al ridículo,
sobre el costillar huesudo de Rocinante.
Concédeme el delirio hermoso
del que amó sin ser amado;
la fidelidad de aquel que creyó
en la hermosura invisible de Dulcinea.

Hacedme loco con honra,
si ha de ser así el precio de la nobleza;
a dar batalla al molino que escupe oro y miedo,
a saludar al alba como si aún fuera virgen,
antigua quimera del fiel caballero.

Sed vosotros quienes me digan:
"Aquí estoy, buen señor"
no para vencer, sino para sostener
el sueño en órbita de los que aún creen
que el alma de caballero puede vestirse de armadura.

III

Por la Cruz que en el pecho lucisteis altaneros
y entre rejas soñasteis más alto que el trono,
liberad en el papel al pobre sin suelo de nuevo
y al pícaro hacedle varón,
y al baldón blasón de caballero.

Más que muchos libres,
debéis bordar la muerte con lirios de espuma
esgrimiendo la más alta de las desdichas
a la azarosa flor sobre la calavera.

Hacedlo ahora, que el oropel se disfraza de santo,
y el ruido de evangelio,
vuelve vosotros, del polvo al estrado
y levantad la espada de miel que azota la injuria,
a escribir en la sombra los nombres
bajo esta tinta que sangra la usura.

IV

De hacerlo, los dardos de la pena y del amor
volverán a arder en los pechos del pueblo
a dorar con el verbo los tejados de la noche,
a bordar con luz de oro el aire que se reza.
Y temblará la noche en silbos de azucena y coraje,
a pintar el aire con sangre y jazmines,
a decir lo eterno con lengua de oliva,
a clavar la estrella donde arde la mar,
cuando hable el poeta como un gallo rojo
y cante en la cruz romances que sangren despacio.

V

Creedme en este sueño,
pues, en él, me es dado ascender sobre el empedrado,
en que flotará la partitura bordada de claror,
y acaricie las tapias dormidas
y despierte la sed,
de los santos de silencio que combaten
con su sola luz y alabanza silenciosa
quedando derramado el color sobre el mar
donde grite el corazón del que al mirar abrasa.

VI

Quiero empujarme en vuestra mano,
hacia la orilla del absoluto,
en la ventura sin brújula,
en la última órbita del sueño,
donde el amor se hace herida y ala
con voz de granada abierta y caracola.

Lo lejano es íntimo,
lo pequeño, inmenso.
Vuestra muerte, como lágrima detenida,
es el canto de un ruiseñor
que canta la alondra.

Yo, que no sé si deliro o rezo,
quiero perderme en vuestra sombra clara,
como agua que sube y halla el altar;
y el alma -ya sin cuerpo ni regreso-
dance descalza.

VII

No escribo desde mí,
sino desde quienes soñé.
Mi voz es eco de otras voces,
y lo que digo -si algo digo-
es plegaria quebrada,
migaja recogida en la era del llanto.

Aquí acaba la peregrinación,
entre fulgor y polvo,
entre lo que fuimos
y aquello que aún nos espera.

¡Habla, Señor de los silencios!
¡Despierta el linaje dormido
de águila en la mirada
y cruz en el costado,
pues ha surgido
un momento en el tiempo!

Parte V:
Hijos del polvo

Entonces llegó, en un momento predeterminado,
un momento en el tiempo y del tiempo,
un momento no fuera del tiempo, sino en el tiempo,
en lo que llamamos historia: cortando, bisecando el
mundo del tiempo, un momento en el tiempo,
pero no como un momento del tiempo.
Un momento en el tiempo, pero el tiempo se hizo
mediante ese momento, pues sin el significado no hay
tiempo, y ese momento del tiempo dio el significado.
Entonces pareció como si los hombres debieran
avanzar de la luz a la luz, en la luz de la Palabra,
a través de la Pasión y el Sacrificio salvados
a pesar de su ser negativo; bestiales como siempre,
carnales, buscándose a sí mismos como siempre,
egoístas y cegatos como siempre,
pero siempre luchando, siempre reafirmándose,
siempre reanudando la marcha por el camino
iluminado por la luz; a menudo deteniéndose,
vagueando, perdiéndose, retardándose, volviendo,
pero sin seguir otro camino.

T. S. Eliot

I

Respiro hondo en este espíritu salvífico,
que me guarda como madre callada;
la campiña de sueños, bosque de anhelos,
refugio de almas que buscan el claro
para esculpir el cielo en torres de oro,
sobre el pecho fiel de esta dorada cuna,
que, imperiosa y mansa, se entrega al tiempo,
donde en la arena siento ser amado.

II

Retratado queda en la primera luz,
que fui yo quien os llamó;
o el temblor de la infancia,
al recordar vuestro paso,
o la palabra, alta y clara,
que esta lengua viva
acostumbra en la promesa del alba.

III

Aún resuenan en el mármol los llamados,
cual mirlo fiel que su cantar entona,
siglos que, en los dinteles, duermen
bajo imperios de azahar.

Ya sois estatuas ecuestres, cabalgando la bruma,
que, en la dura peña, la esperanza se alza,
donde los cirios arden, invictos ante el viento,
y manos fieles, moldeadas por el fervor,
esculpen rostros que imploran el Benedecitus,
mientras el cincel atraviesa el umbral.

IV

Atrás queda la sombra y la sangre
como dos perros ciegos
en que la luna -madre de plata y lumbre-
susurra en mi edén su centinela:

¡Umbralesía, ya quedas vencida!

Así, el paraíso, no en los cielos morada,
mas en la tierra que se sabe amada,
habita el Nombre pronunciado
por labios henchidos de memoria.

V

Es la serenidad ahora
la que deposita su semilla en mis letras,
cual flor en las vetas de tinta
que, en calma, ampara el oficio
de alzar con el verbo los sueños.
¡Ah, bendita fuente de la vida!,
que en cada aurora viertes tu ternura
y al sediento haces peregrino
con ardiente voz de zorzal.
Guías mi senda con luz de alto destino,
bajo el temblor del cielo,
donde una pléyade de almas
camina en fe por veredas en flor.
No sabe el mundo del claror que despiertas
en el pecho tu rocío,
mas tú -manantial de amor-
quitas la sed, das rumbo... ofreces la vida.

VI

En esta llamada se encierra el secreto:
no otra senda hay sino la Cruz gloriosa,
no otro manantial sino la Sangre viva,
no otro amor sino el que vence a la muerte.

Verdad de la vida,
que quedas en fe clamando en mi voz,
mientras el hombre, aún ciego,
tropiece en su hambre.

Llegará el día -lo creo-
en que los ojos se abran,
en que los pasos se tornen regreso,
y el alma sedienta halle la Luz
que, en promesa, no declina.

VII

Te veo a lo lejos vestida de oro por la tarde,
como un conjuro sagrado,
en este aliento que se alenta.
Y en tu leño, tibia estancia,
cual reliquia entre las sombras,
me acogiste conjurando la distancia
en esperanza sobre la gloria
de gasa, coraje, útero y altar.

VIII

Algo permanece,
más callado que la culpa, la ceniza o la plegaria,
más hondo que la lanza en la costilla,
más firme que el dolor de las espinas
como piedra que no se quiebra ni concede.
No es de madera tallada,
sino de carne, de tiempo, de elección.
La llevo sobre mis hombros,
como quien carga un niño dormido,
y aunque pesa, no aplasta,
y aunque duele, no hiere,
pues su carga es mi camino... mi plenitud.
Abro el paso con ella
en el barro de esta existencia
con la ternura de quien sabe
que amar es también quedarse.

IX

En este sendero hacia la alta cima,
donde nacen las voces de los ángeles
y resuenan los ecos de los himnos,
allí se me abre la malla del amor caballeresco,
donde, en su lino plateado, la dama camina
en sigilo -de aljófar su veste-
y las diademas serenas relucen
como lágrimas vivas de estrellas.

En esta procesión sagrada del día,
donde el sudario no muere,
resplandece mi fe,
viejo bautizo que no se quiebra,
y la misión se ofrece, temblante,
en el vetusto Calvario que me marca
los peldaños del peregrino que soy.

X

¡Hijos del polvo!
¡Una cruz, mi cruz -como la vuestra-
un niño la ha recogido!
La ha plantado en la tierra,
como quien siembra un suspiro.
No tengo oro ni broches,
no importa perder el nombre.
La cruz permanece.
Y me anido en ella, Señor.
Como hijo del polvo que fuimos.
Polvo que retorna al polvo.
Y renazco.
En tu aliento.
Convertido.
Vivo.

Reflexión del autor:

Hijos del polvo no comienza con una certeza, sino con un ardor: el amor que arde como juicio, que hiere como herencia. Esta plegaria, grabada como un sello sobre mi corazón, es el primer umbral que cruzo. No habla de un amor romántico, sino del fuego primordial que nos llama a recordar, a batallar y a regresar. De ahí nace, con el perdón del lector, la palabra Umbralesía, que se alza como respuesta —quebrada y ardiente— en el *Jardín de las Plegarias* de quienes nos precedieron. Machado las alzó por todos. Yo apenas las retomo como eco, como escombro, como brote. En el silencio del tiempo que vivimos, convencido en mi fe escucho la voz de Dios "que todo lo oye desde el silencio" y apremio la llamada de los ancestros en estas páginas desde la bruma de nuestra herencia.

Todo surge con un viaje. Y ya saben lo que sucede con los que andamos lejos, que se convierte en una peregrinación. En un encuentro inesperado y, a la vez, buscado. Durante estos años, tras mi marcha a los paisajes helados y los vientos del norte, me he encontrado con las antiguas voces de los mitos nórdicos, con los ecos del Kalevala finlandés y las antiguas canciones de la Edda poética. Me he perdido entre las ruinas de Escocia, donde la mezcla de celta y gaélico sigue susurrando su fuerza. Y más al oriente, he sentido el temblor del kami en el susurro del bosque japonés, en los santuarios ocultos donde el shinto honra lo invisible con un silencio antiguo, lleno de gratitud.

Sin embargo, es en las tierras que me vieron nacer, donde he concibo que los sueños no mueren, sino que se esconden en el polvo. Aquí nace tras esa *Peregrinación de ceniza* bajo la lengua olvidada de los griegos, romanos y visigodos, entre la sangre de mártires que ardieron como antorchas, en los muros de agua que tejió jardines, y en los reyes y reinas de Castilla que extendieron la Cruz por todo el orbe.

Pero se preguntarán ¿todo esto para qué?

Pues en realidad para ir al origen. En estas páginas, he querido ir a las profundidades del tiempo y del alma, donde el hombre se extravía entre espejos rotos y coronas de ceniza. Y allí resuena el canto antiguo de los que bajaron a los infiernos no por gloria, sino por fidelidad al misterio. Como Eneas, que en el Hades buscó el rostro de su padre y la raíz de su destino. Así mis versos descienden a la sombra, no para morir en ella, sino para clamar la resurrección de la memoria y de los que amaron sin tregua como Perséfone o, mucho después, como El Quijote. Porque no es morir lo difícil, sino regresar con la frente alzada y una luz encendida en la palabra como Ocno. Todo lo visible fue antes un sueño. Y cuando la soberbia del hombre se alza como torre, es el sueño el que ruge con voz de herida y profecía. Estos cantos que siguen -tejidos de piedra y oración- no son memoria solamente, sino anuncio, la palabra que fue sacrificio y que aún resiste más que la espada.

Seré más claro. Lorca no hablaba solo de tablas y candilejas, hablaba del alma en escena, de la calle como un teatro donde el pueblo se revela contra el olvido y el desarraigo. Aquí se le invoca, también a Cervantes, a Calderón, a Quevedo, o a La Santa Abulense, para que regresen con su voz de aceite y sangre, y digan de nuevo lo eterno con lengua de oliva.

Y en esa *última órbita del sueño* de la que me impaciento, durante mi joven vida, me llega la emoción de las letras. El temblor de la poesía, el arte y la historia, que, en la noche, vuelva a ser resistencia, pan y milagro. Por eso creo que la lengua, mi lengua herida, también puede renacer. No sin dejar claro que estos versos no solo invocan a los grandes del verbo y de las gestas, sino a los que sembraron la belleza, como estatuas en nichos de mármol, y los padres vivos que aún sueñan desde la entraña abierta de su obra sobre la paleta o la música. Pido su regreso no con nostalgia, sino con hambre. No como quien los cita, sino como quien los necesita para seguir creyendo. El milagro es el idioma mismo: hecho carne, vino, sombra y palabra.

Y, sin embargo, sé -por eso nace este poemario- que existe un instante donde la palabra ya no basta y el alma, descalza, entra en la herida. En este último canto, *Hijo del Polvo,* no hay nombres ni rostros, solo un temblor de incienso y caracola, una danza que no sabe si reza o delira. Allí canta San Juan, entre huertos y flores, donde el Amado se pasea entre los lirios. No pide explicación. Pide presencia. Allí, donde lo lejano es íntimo, la poesía -con el perdón de los poetas- se vuelve oración, y la oración, lenguaje sin orillas.

La que fue hija de Lavrans, expiró despojada de todo salvo del amor que no muere, envuelta no en honores ni títulos, sino en la verdad de su entrega, bajo la sortija de oro que no era adorno, sino alianza. Un signo sellado en su carne que proclamaba, aún en el polvo, que era sierva del Señor. Allí, sobre su cuerpo sin nombre, la cruz fue alzada por las manos de un niño -el más humilde, el más inocente entre tantos- como si el cielo mismo confirmase el misterio de que en la renuncia florece la gracia y que lo sembrado en dolor resucita en gloria.

Así también mi poesía, no aspira al renombre ni al dominio, sino a la fidelidad. Es mi sortija de oro. Mi signo. El testimonio de que, en medio de la pérdida, la promesa persiste hacia lo absoluto. La cruz. Mi cruz.

Y que un niño, siempre un niño, vendrá a recogerla.

ÍNDICE

Ediciones Vitruvio

Colección Baños del Carmen

Últimos libros publicados:

Las flores del mal, de Charles
Baudelaire

En mi cuaderno de viaje, de
Carmen Maga

Declaración jurada, de Manuel E.
Castillo

Siempre Domingo, de Pascual
García

Escribir Silencio, de José A.
Alfonso

Ciento cincuenta voltios, de David
Alberti

Que nada se olvide, de Álvaro
Fierro Clavero

Ayer es mañana, de José Elgarresta

Y ahora sorpréndeme, José Ramón
Silva

Playa sin mar, de Eduardo Crespo

El mar mientras duerme, de
Santiago Gómez Valverde

Madame Podeva, de Natalia Ruiz-
Poveda

El hombre que alimentaba su alma,
de Sergio Macías

A la tarde, de María Paz Otero

La ingravidez que somos, de
Antonio Ríos

La ilusión del indulto, de David
Minayo

El vigor, de Leonardo David
Segado

Balcones azules, de varios autores

Música Rusa, de William
Jonhsnton

El lenguaje del número, de Juan
Pedro Carrasco

Doce voces, una voz, de Jaume
Mesquida

Memoria del frío, de Ricardo Ruiz

Acceso a la vida, de María José
Pérez Grange

La fama pregonera, de Jesús
Mauleón

Habrá poetas, de Mikel Ceniceros

El único umbral, de Diego Doncel

Mil años de poesía (1000-2000),
número mil de la colección Baños
del Carmen

Autobús nocturno, de Luis
Machuca Moreno

Donde nadie dirige la mirada, de
Fernando Fiestas

Siempre promete amanecer, de
Ignacio Eufemio Caballero

Recuento de ilusiones, de Norberto
Garcés

Y la que escucha no es ella, de
Silvia López Ripoll

La levedad, de Cristina Liso

La niña que ha sembrado la tierra
del poema, de Josela Maturana

Despacio y tiempo, de Angie
Expósito

Parábola entre parabólicas, de
Pablo Villa

Centinela del viento, de Daniel
López Acuña

Historias encontradas, de Domingo
Luis Hernández

Postales del norte, de Juan Gil
Bengoa

Obra poética incompleta, de Yong-
Tae Min

La ley del soneto, de Modesto
González Lucas

Franqueo en destino, de José Félix
Olalla

Otro tipo de abreviatura, de
Isabela Basombrio Hoban

Cuando llegues, de Carlos Cortés

Palabras, pájaros y cobijo, de
Victoria Muñoz Arenas

Éramos esto, de Pilar Úcar
Ventura

Después de la belleza, de Rafael
Talavera

Nuevas prosas, de Manuel Lacarta

La última vez que la luna dijo tu
nombre, de Laura Vera Becerra

Estrellas que no vi, de Leonardo
David Segado

Monodias, de Luis Rodríguez Cao

Una ave contra el viento, de
Gerardo Guaza González

Lo que tú decías, de Federico
Jiménez Asenjo

Herida propia, de Rosa Estremera

La memoria de la piel, de Dolors
Fernández Guerrero

Sin música de película, de Esther
Ortiz Arrese

Experiencia de ti, de Elena Ventaje

Digo y u tú Babel, de José Ángel
García